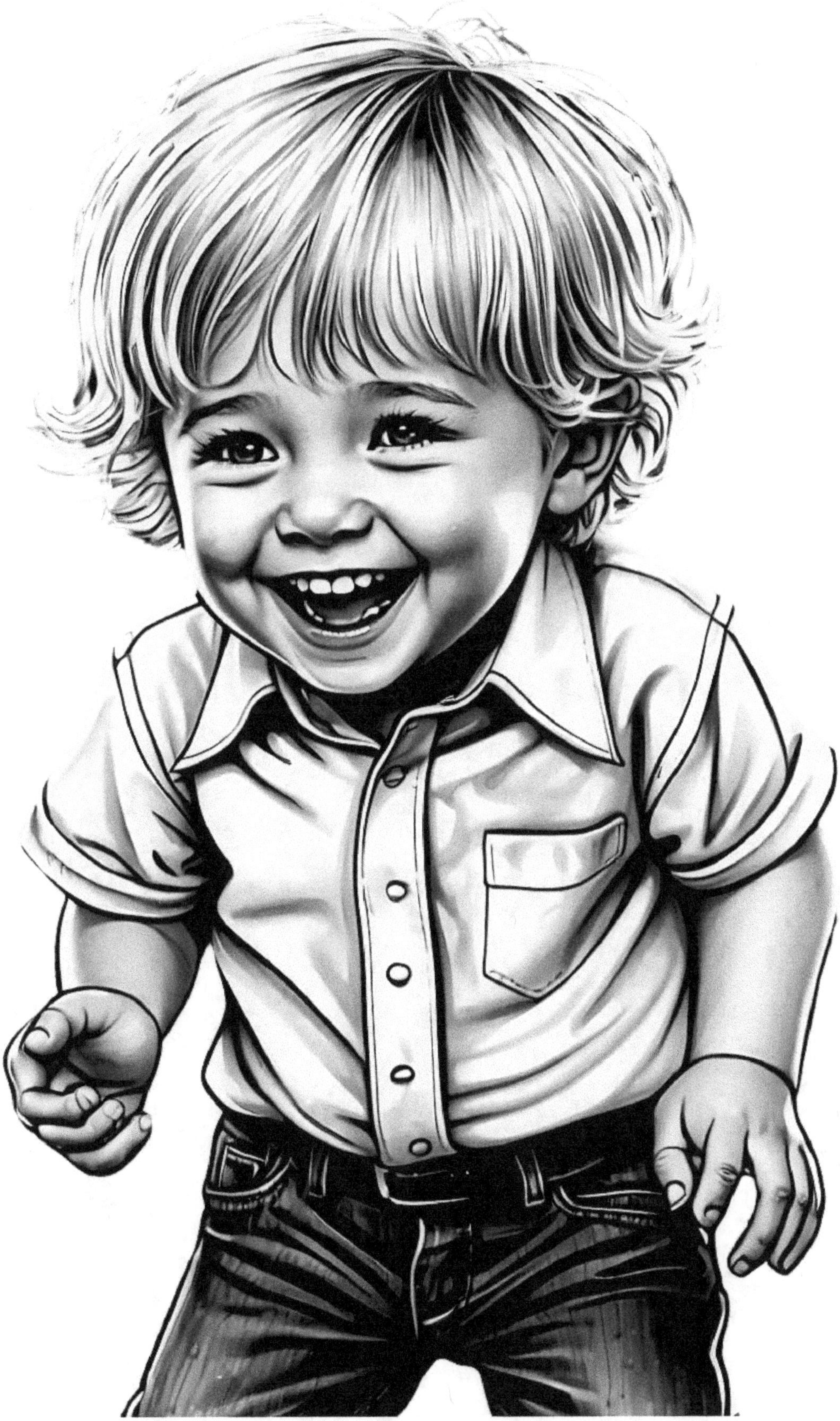

I0422347

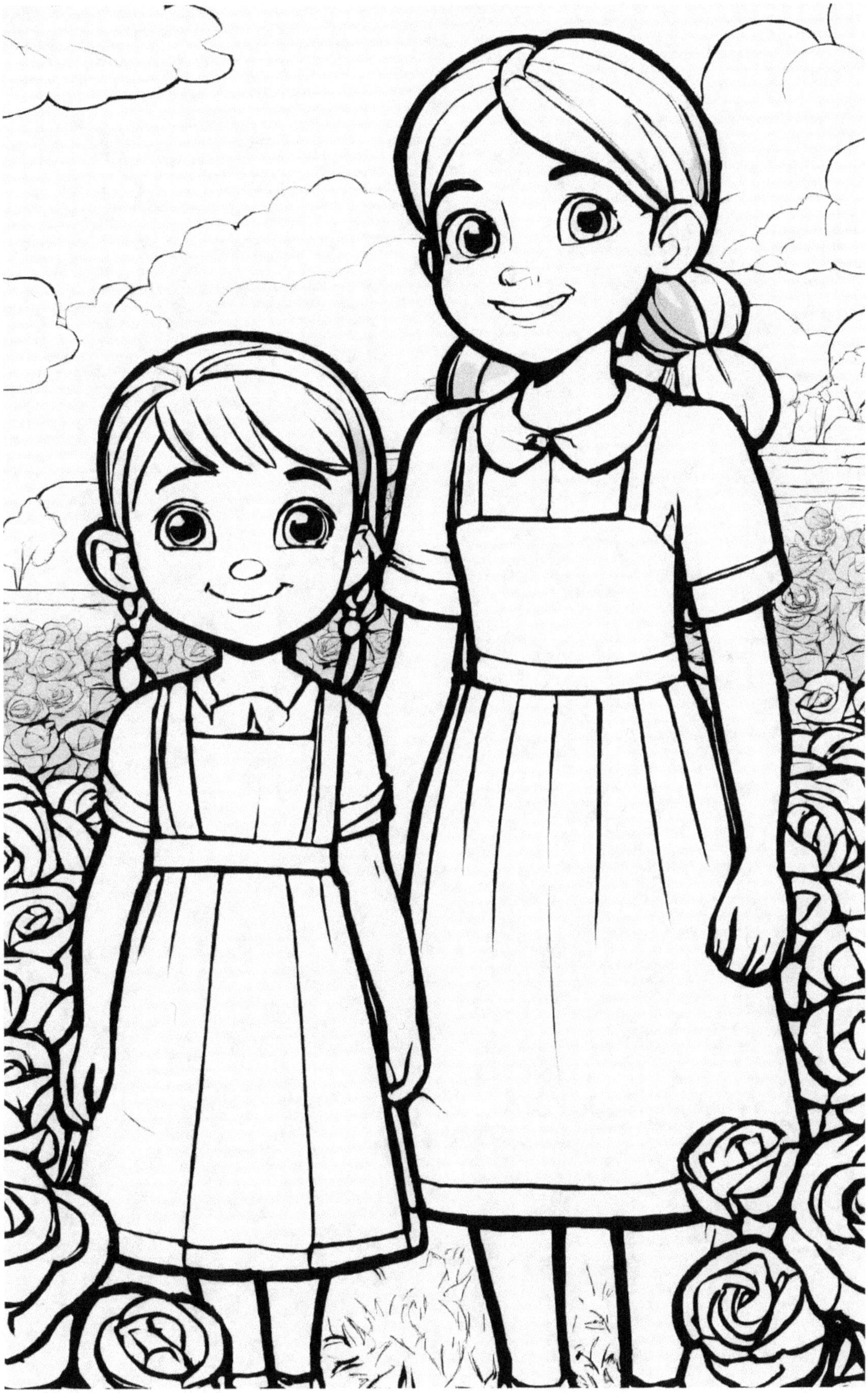

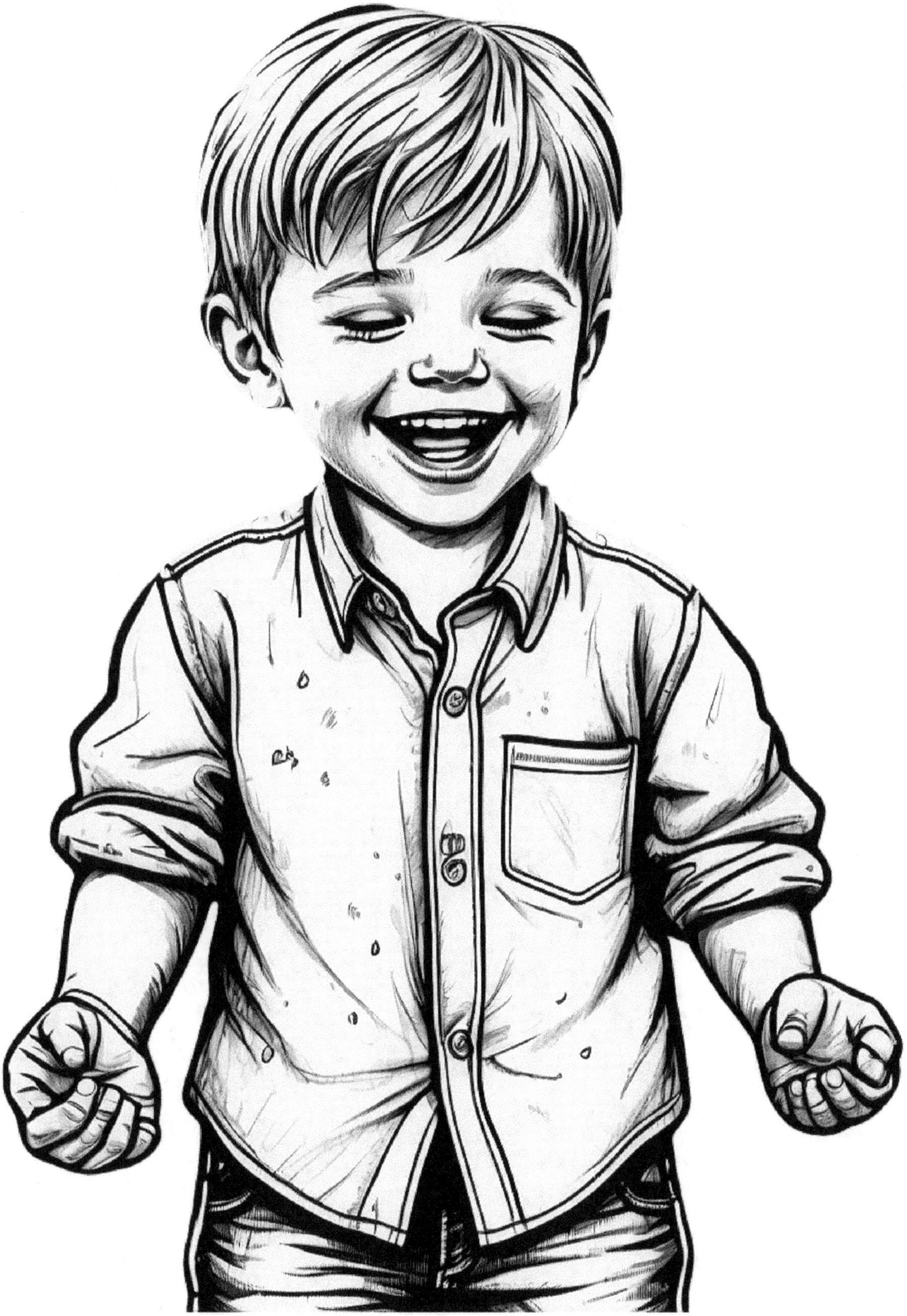

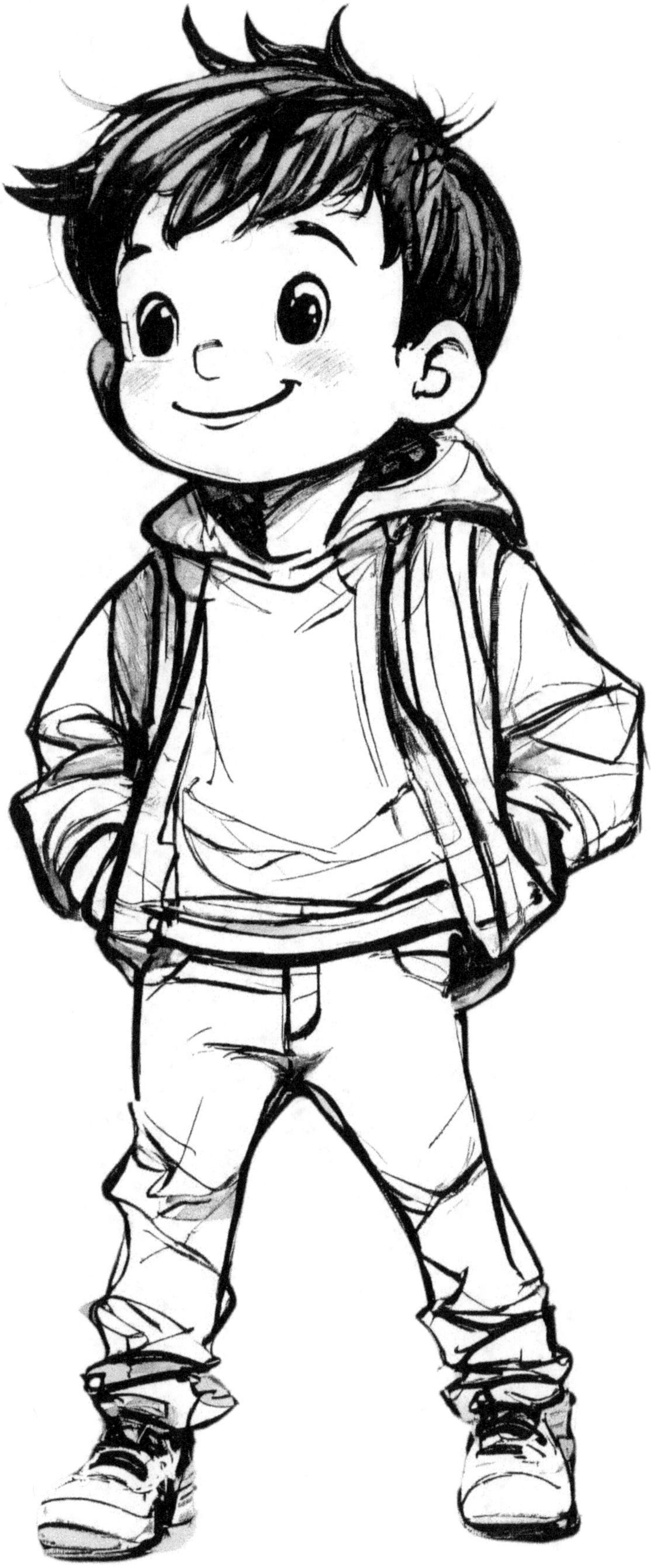

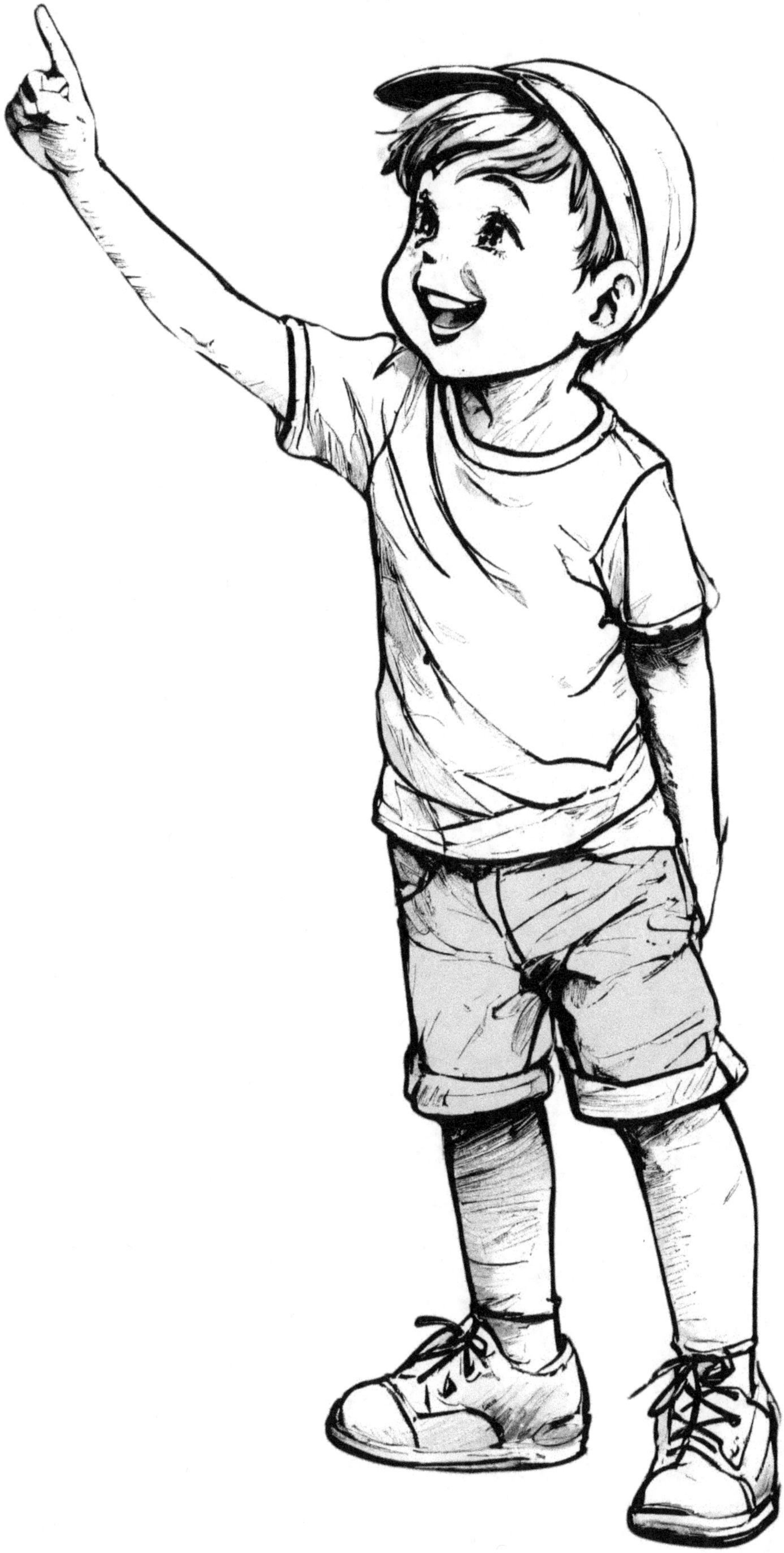

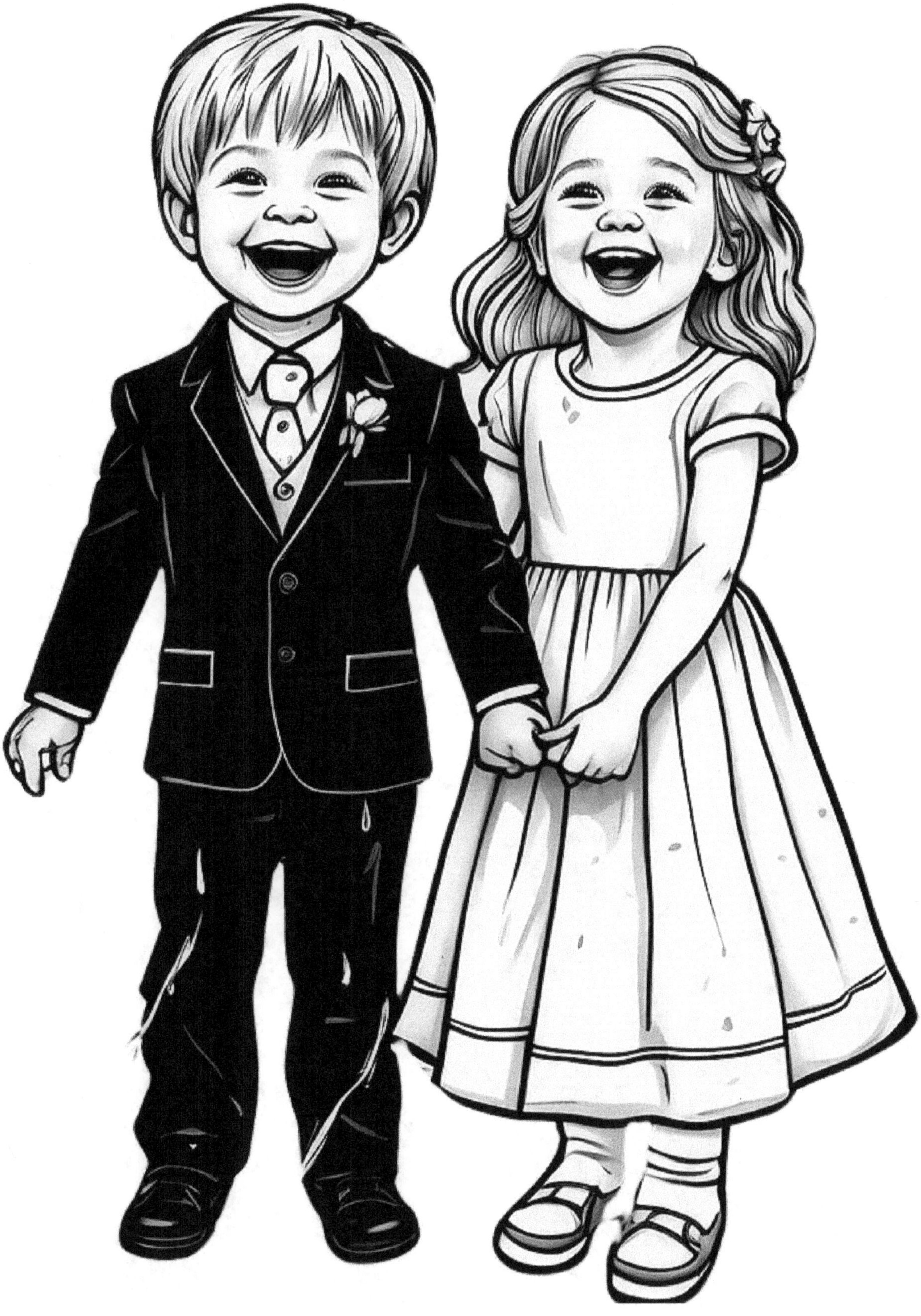

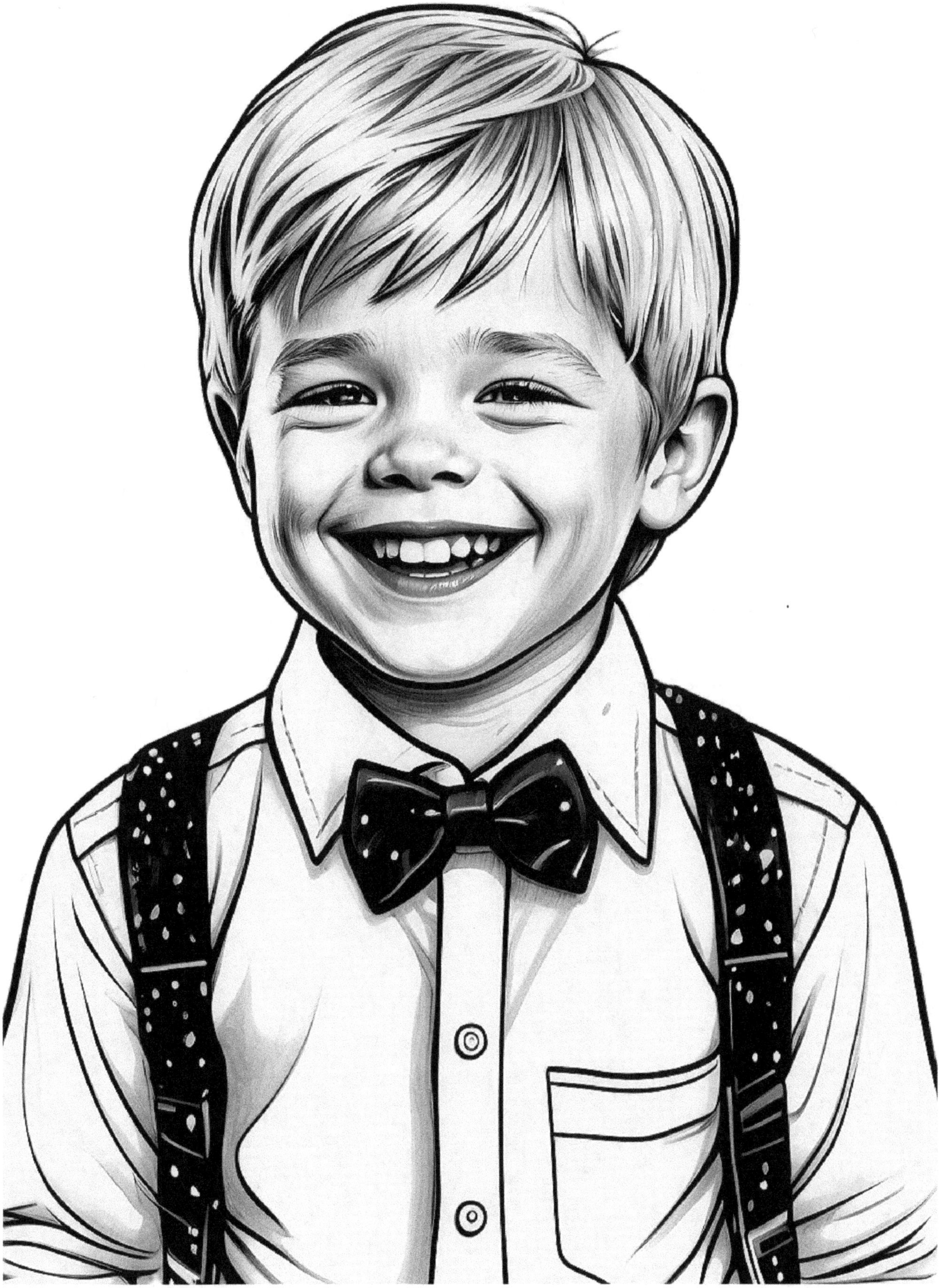

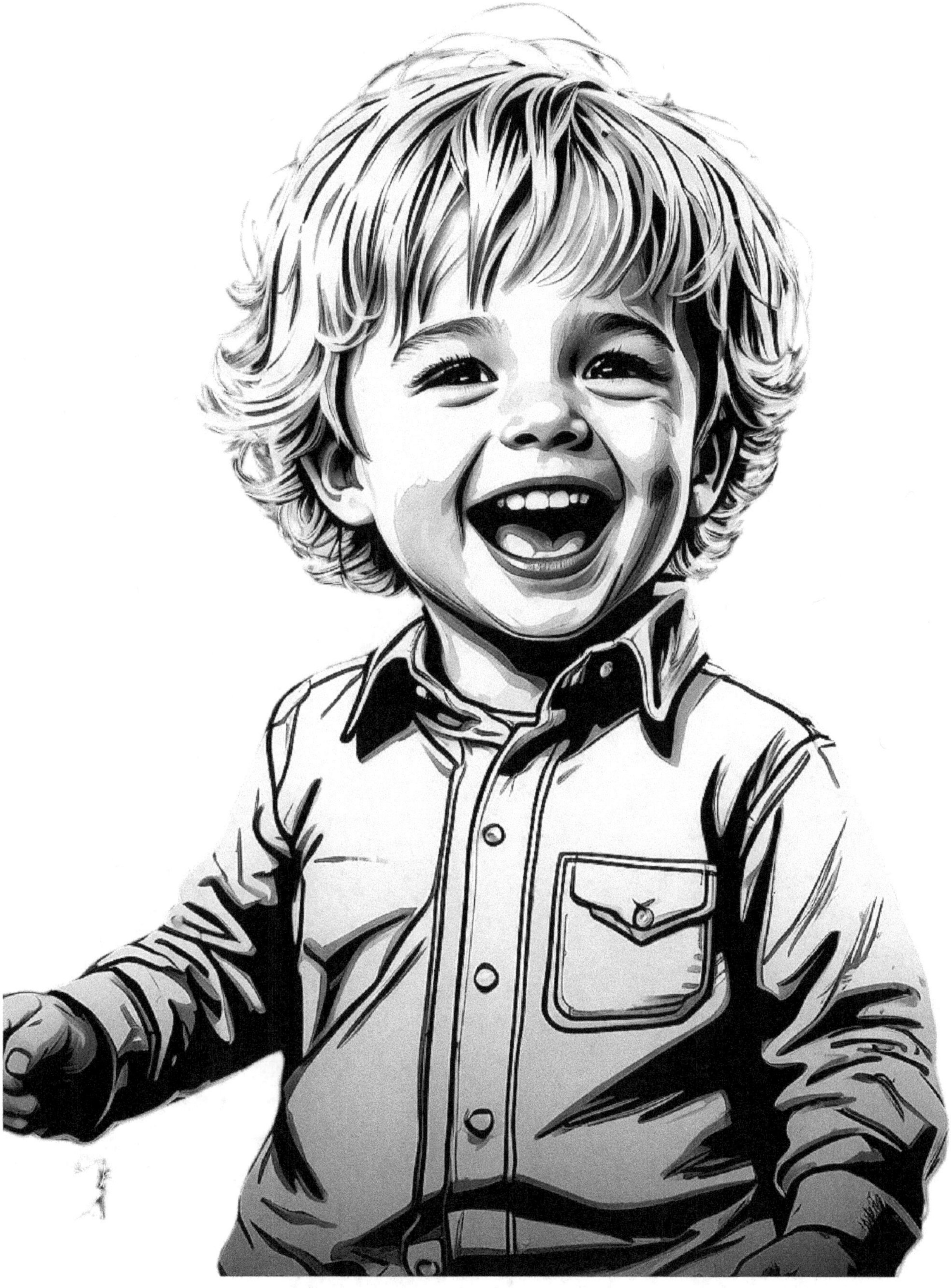

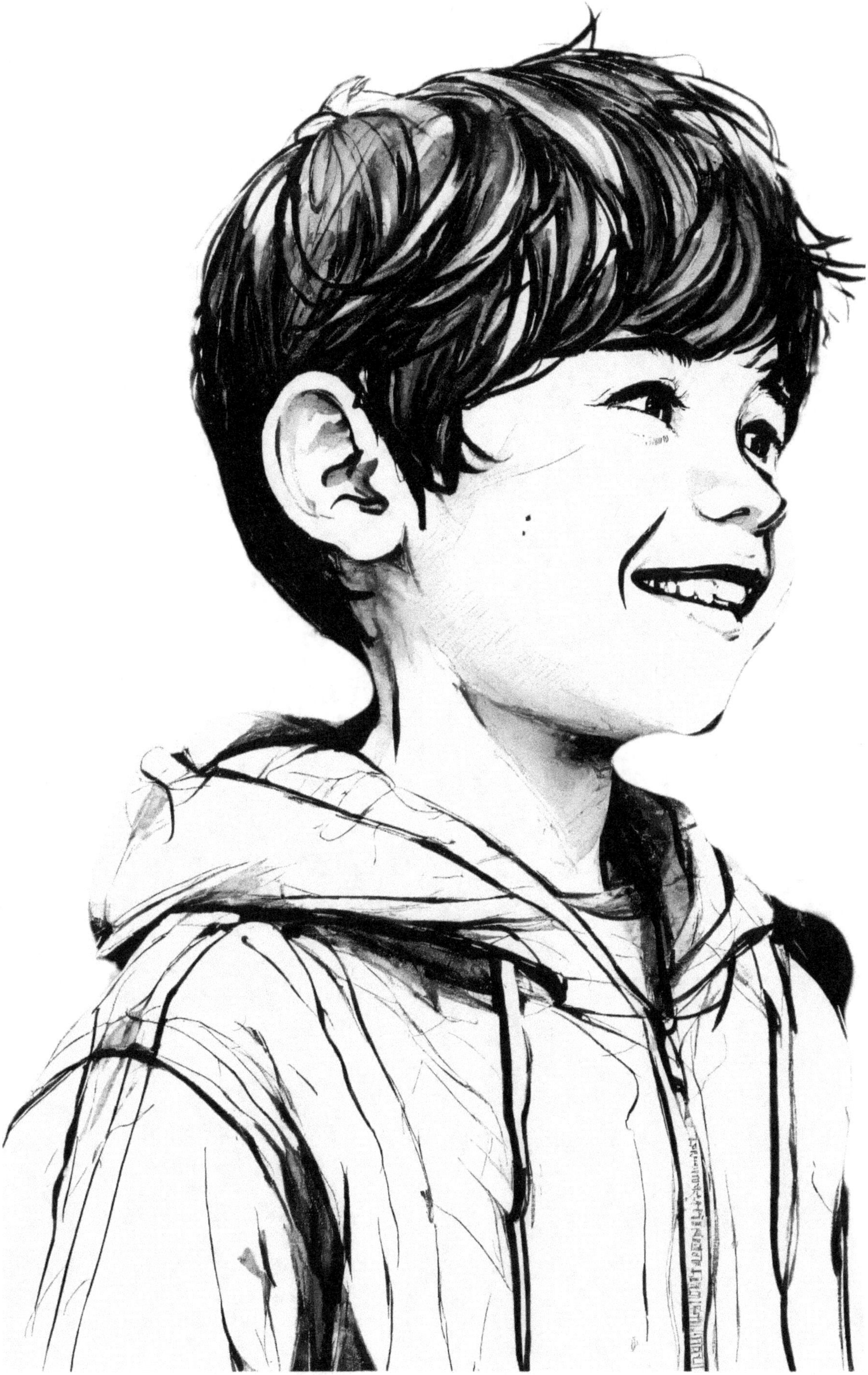

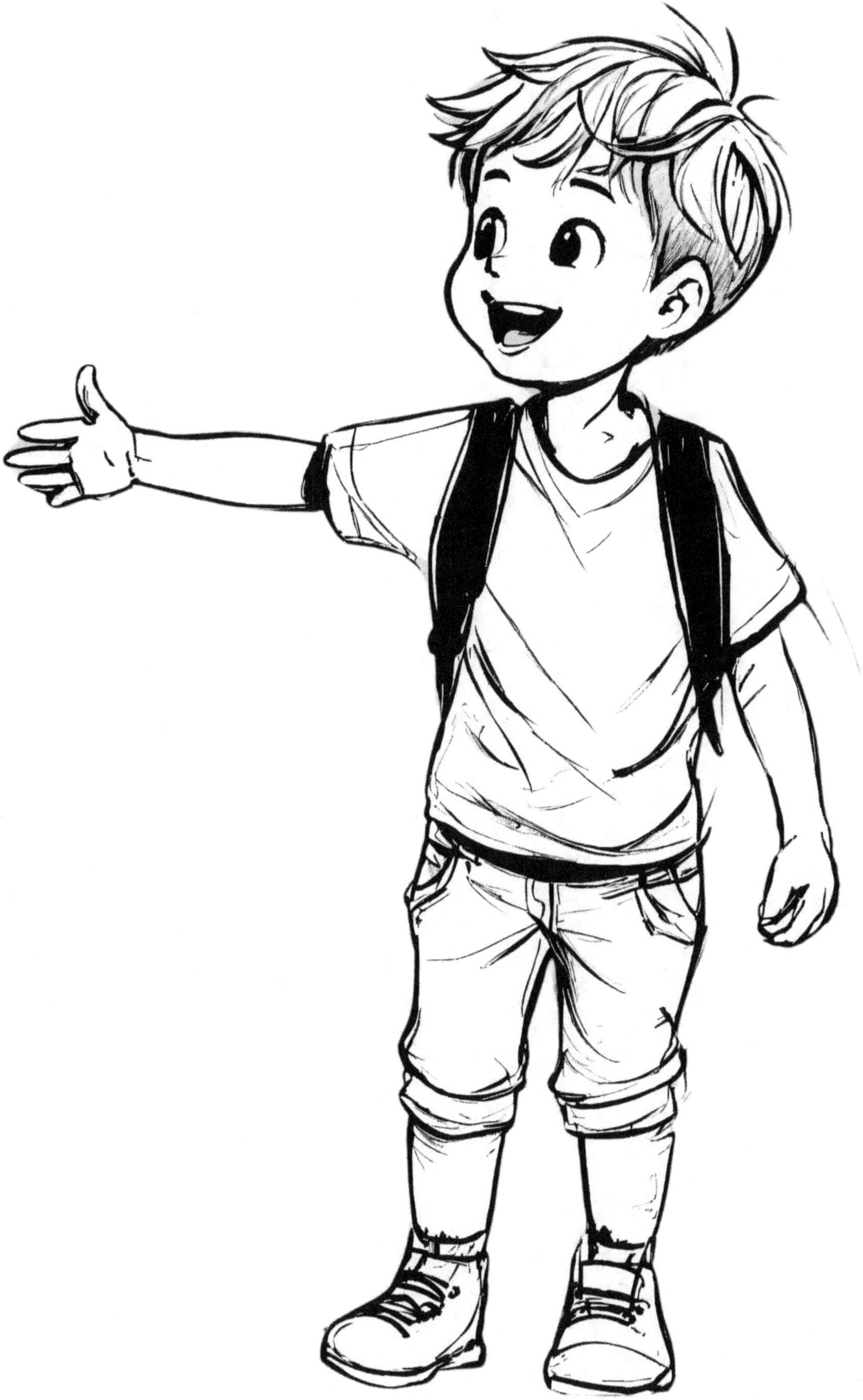

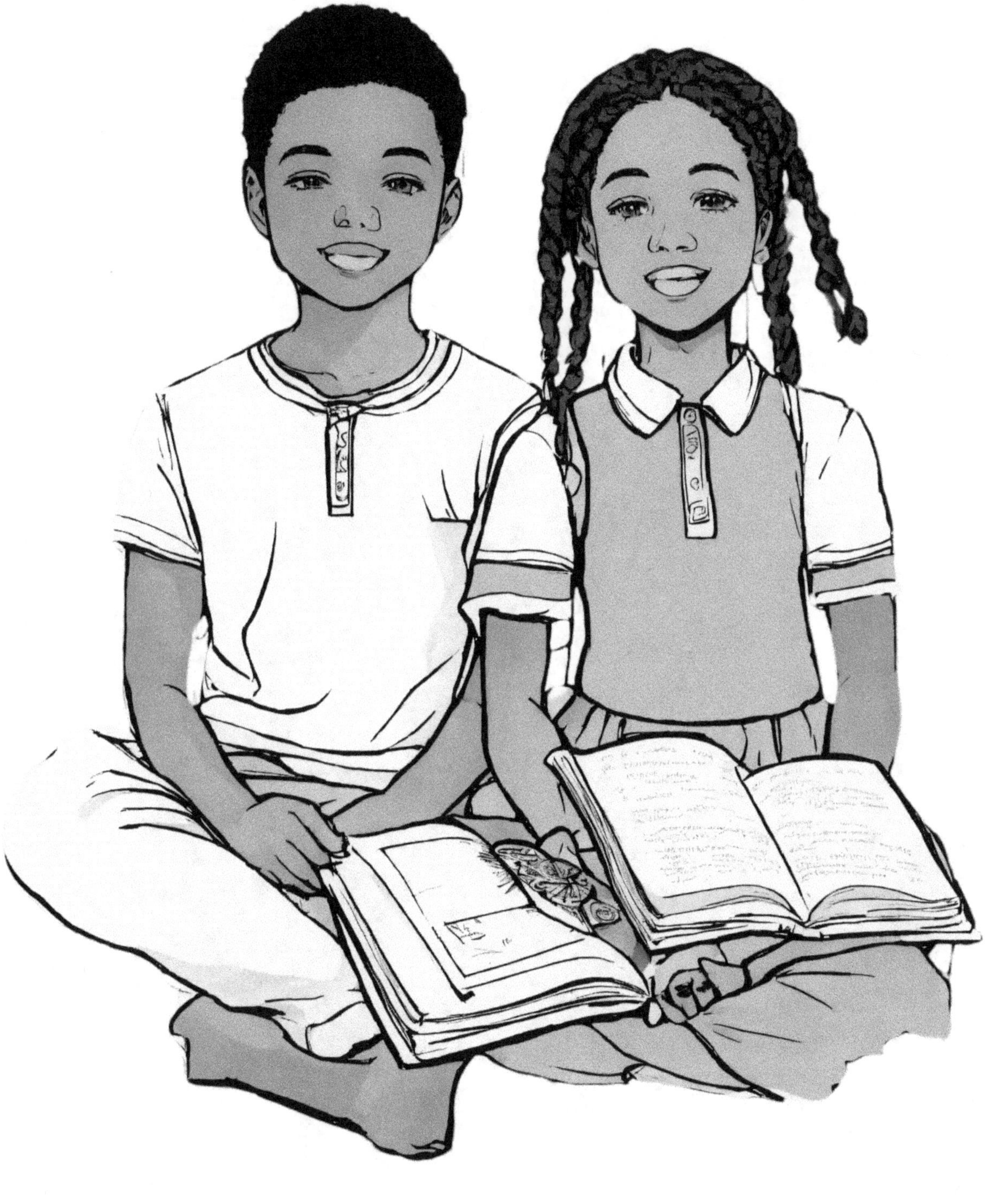

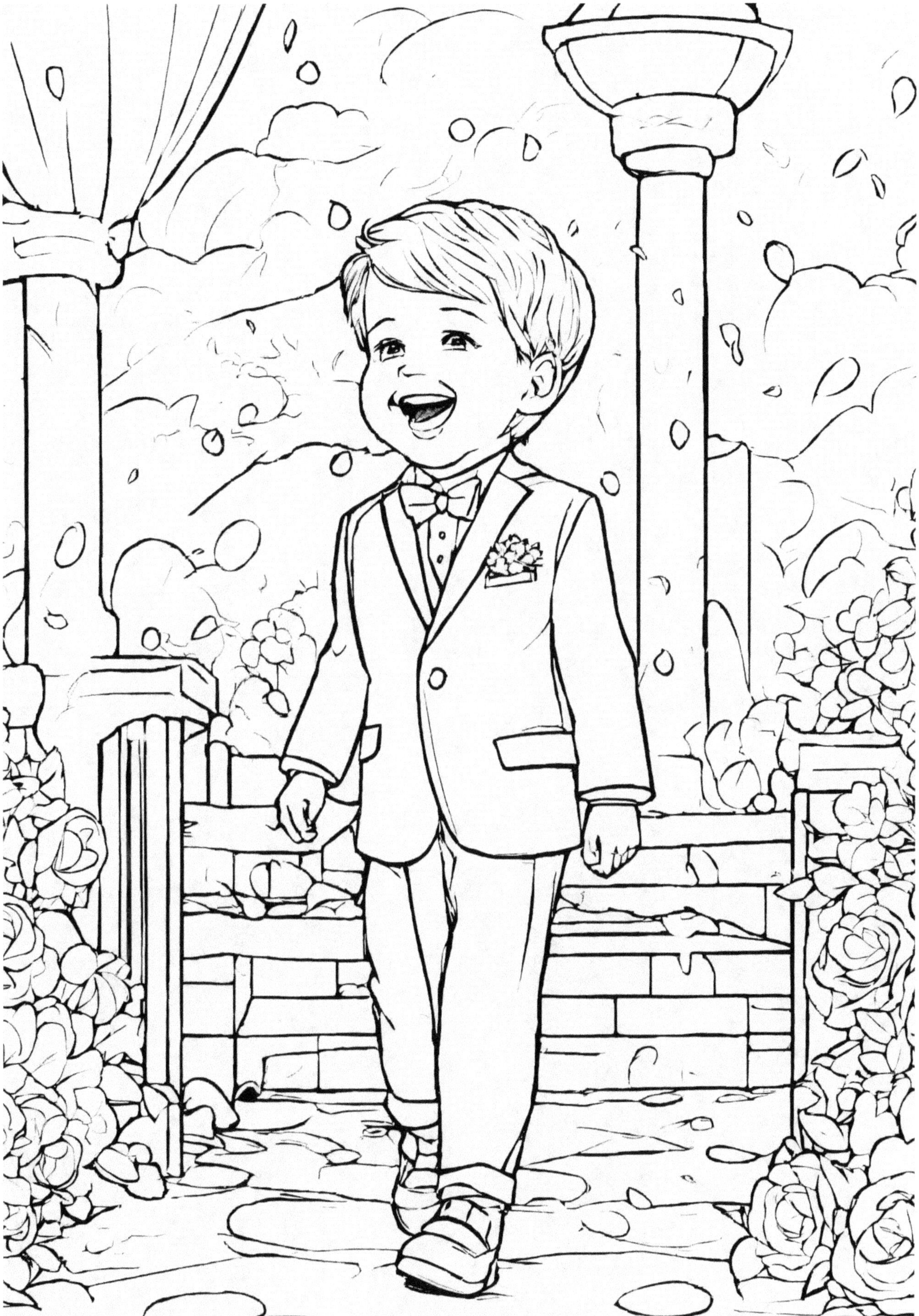

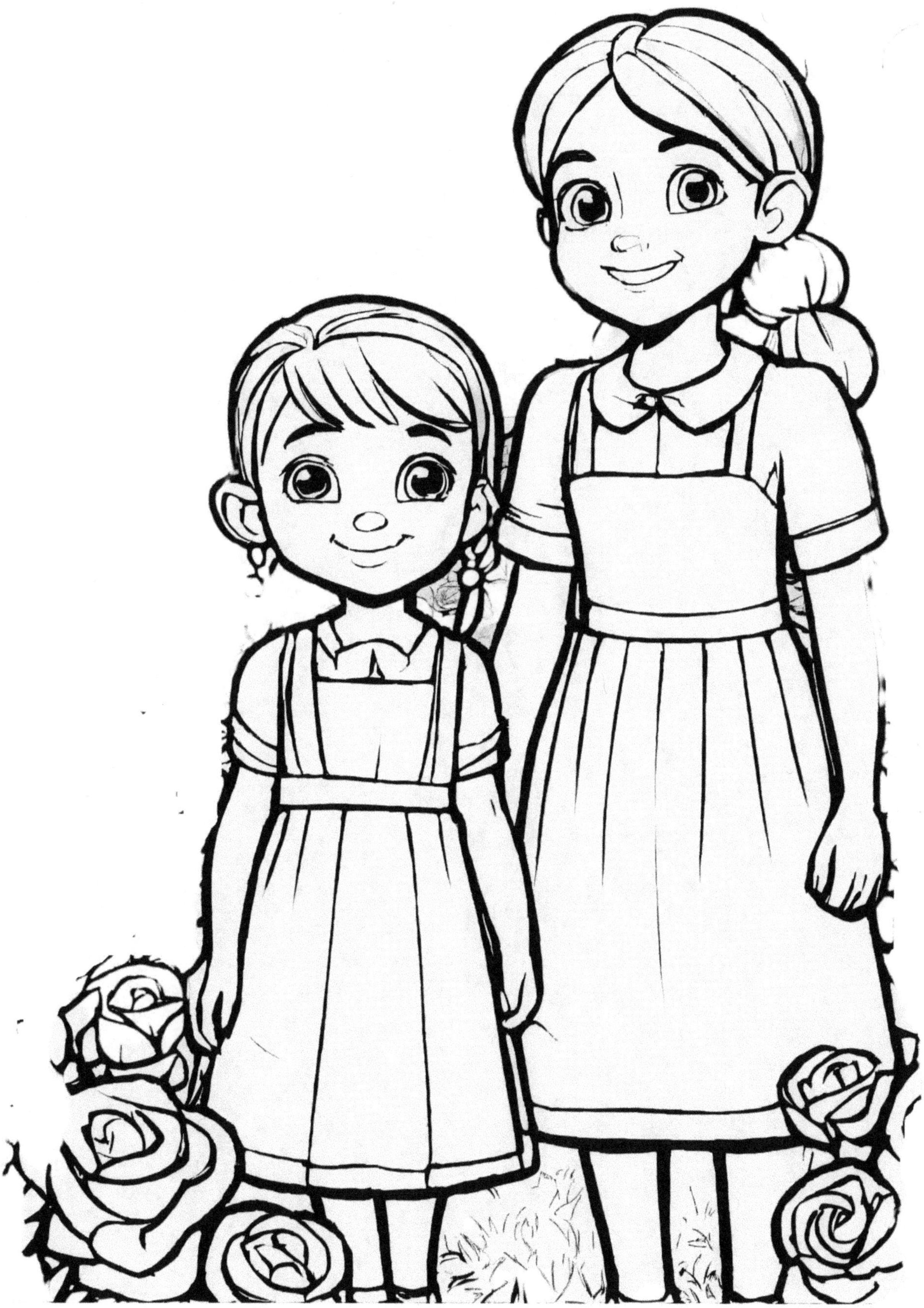

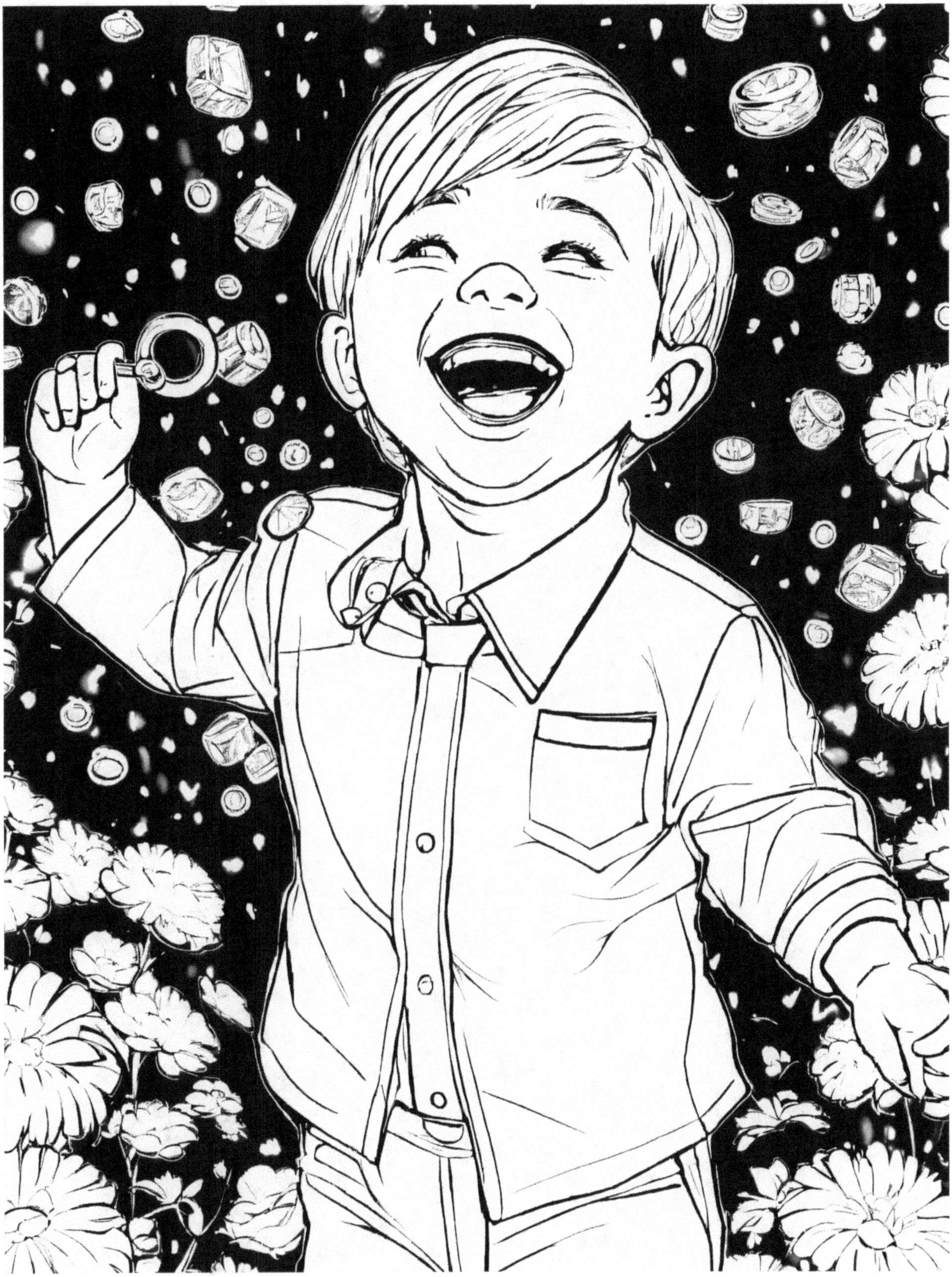

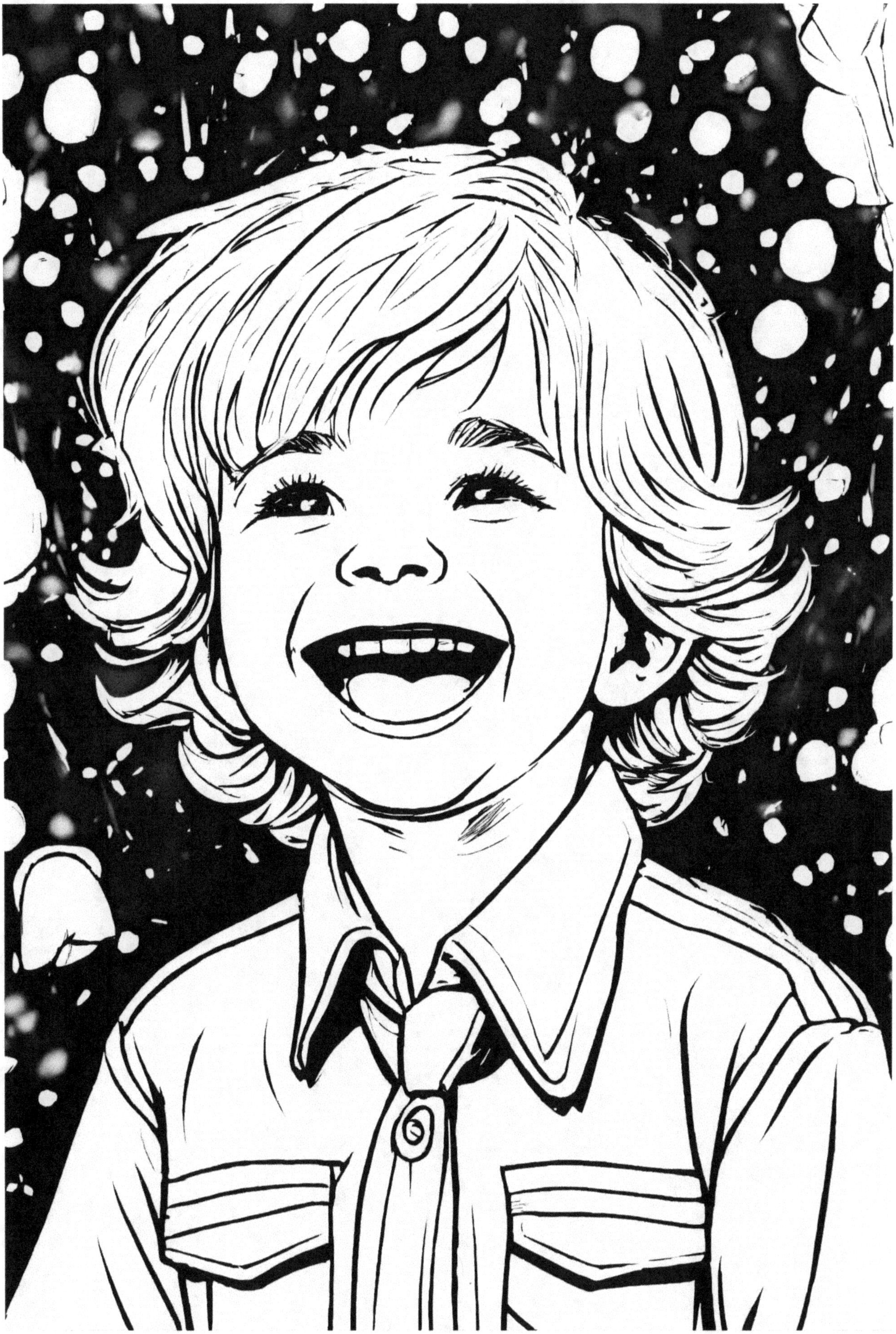

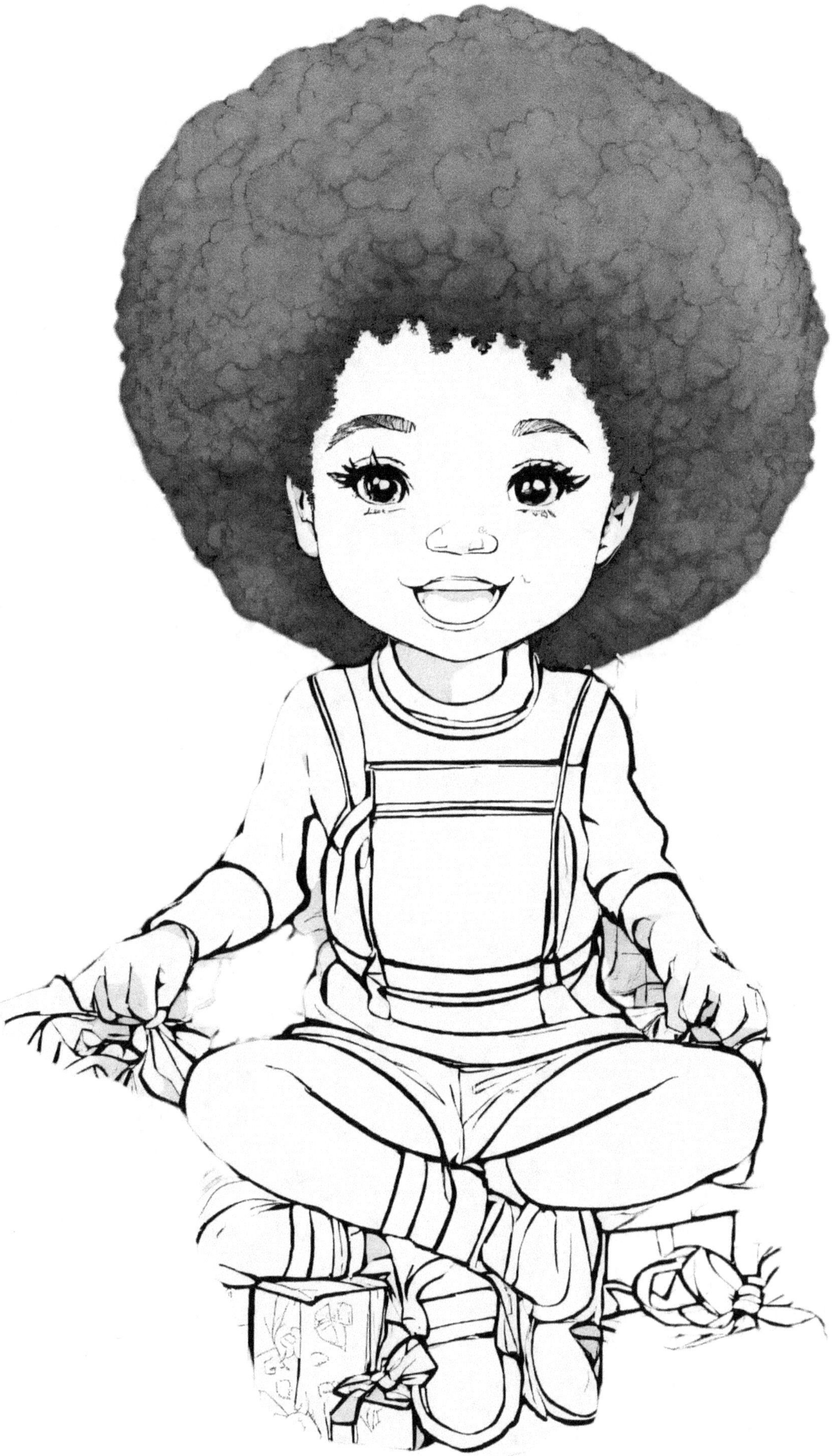

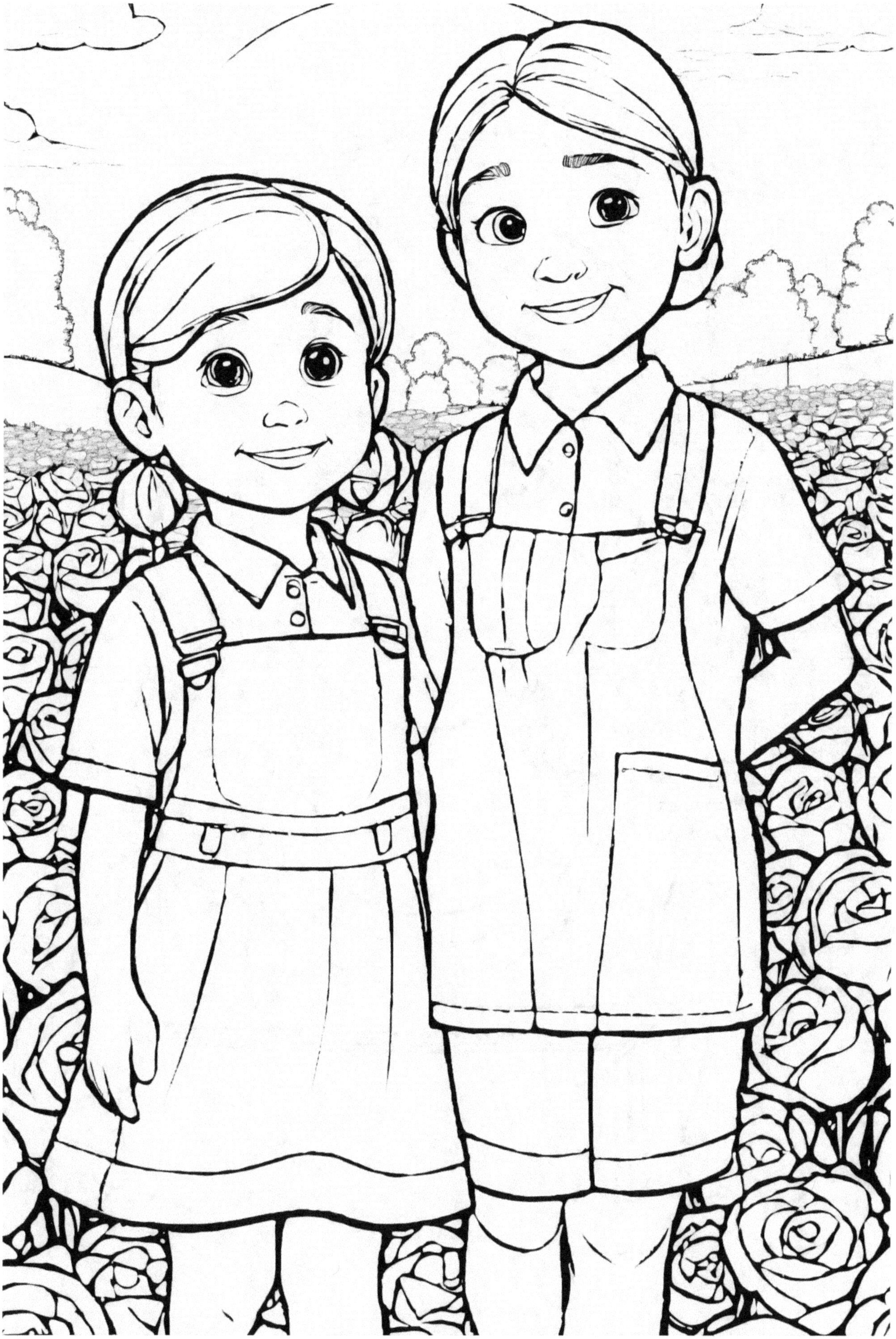

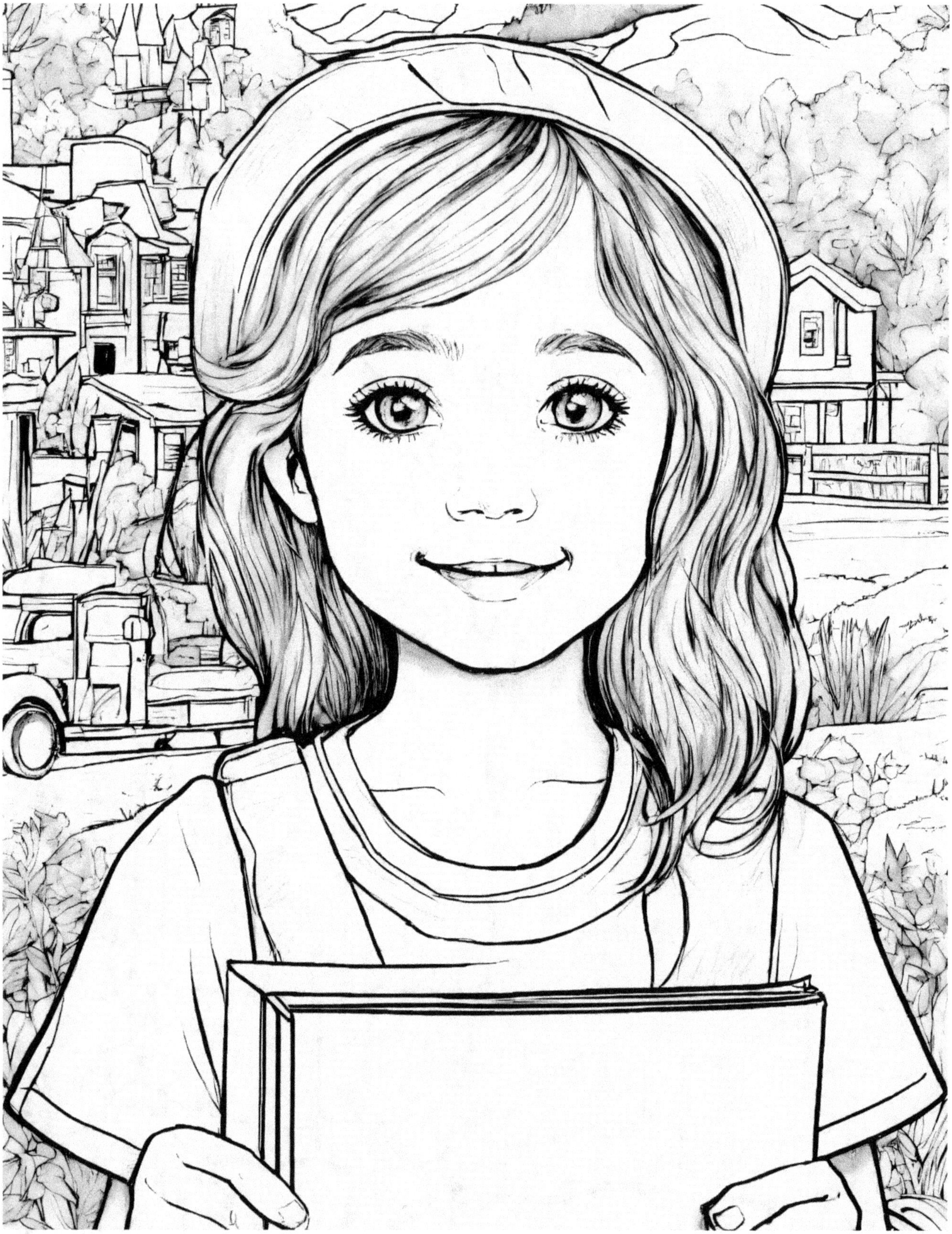

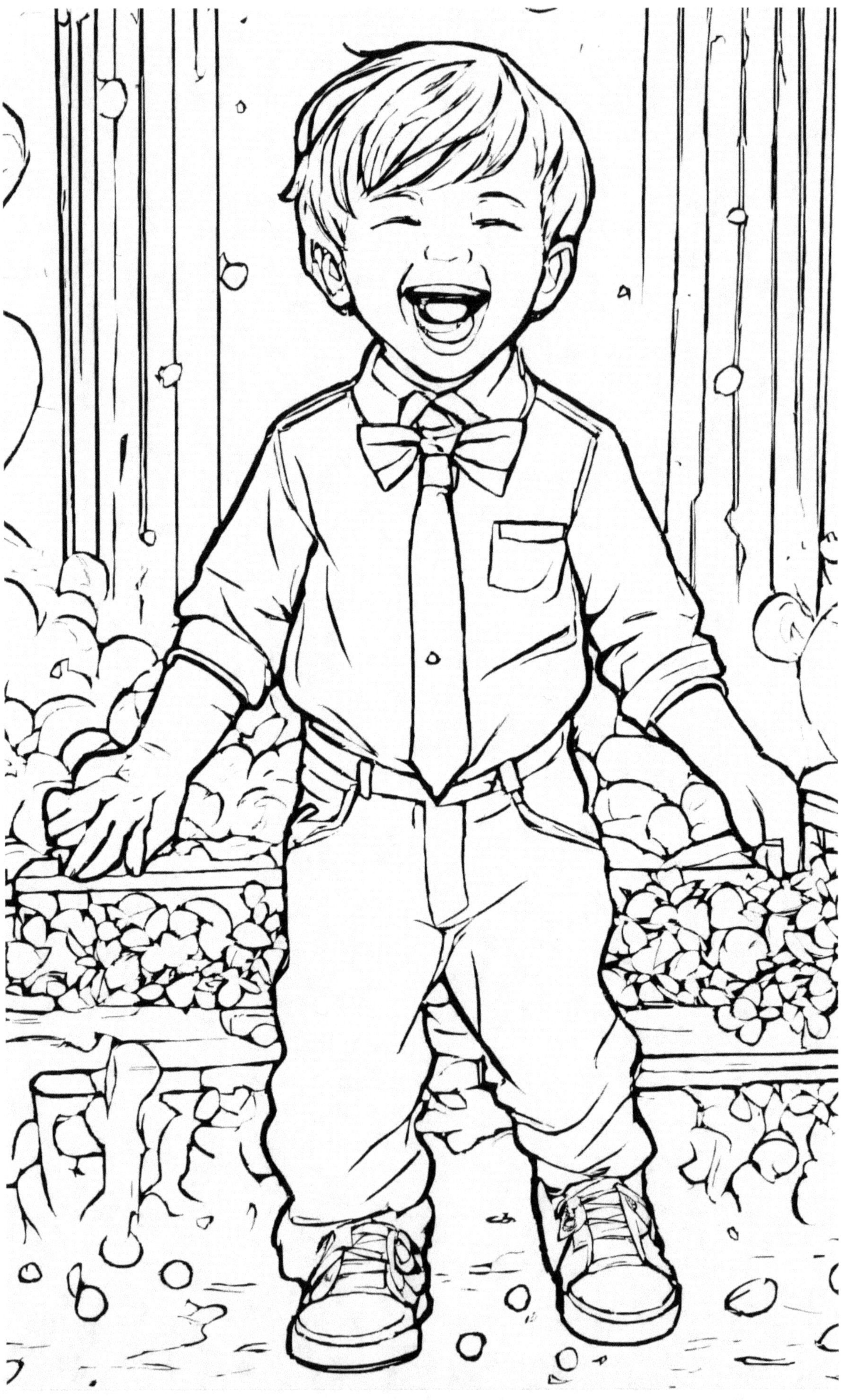

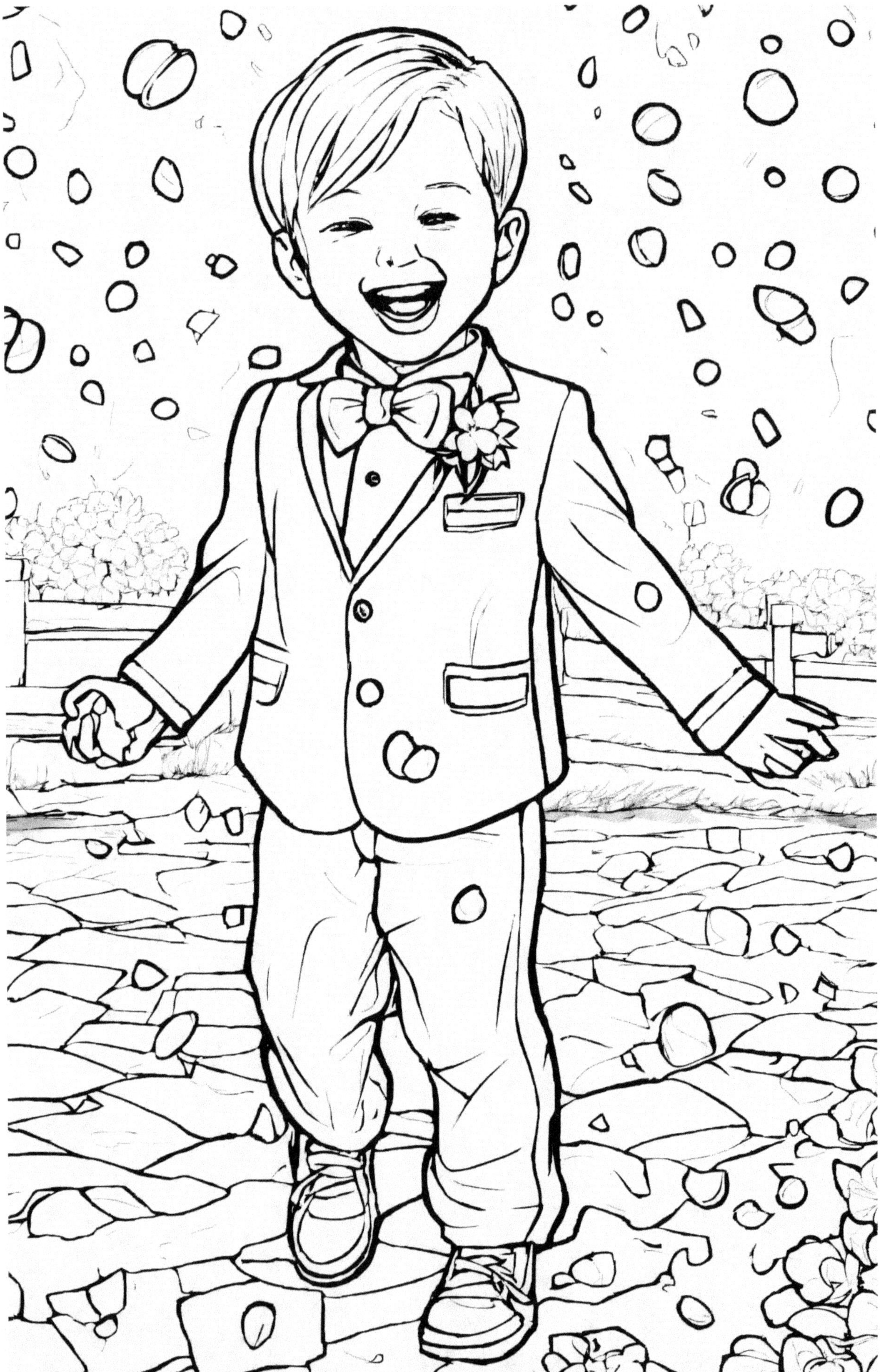

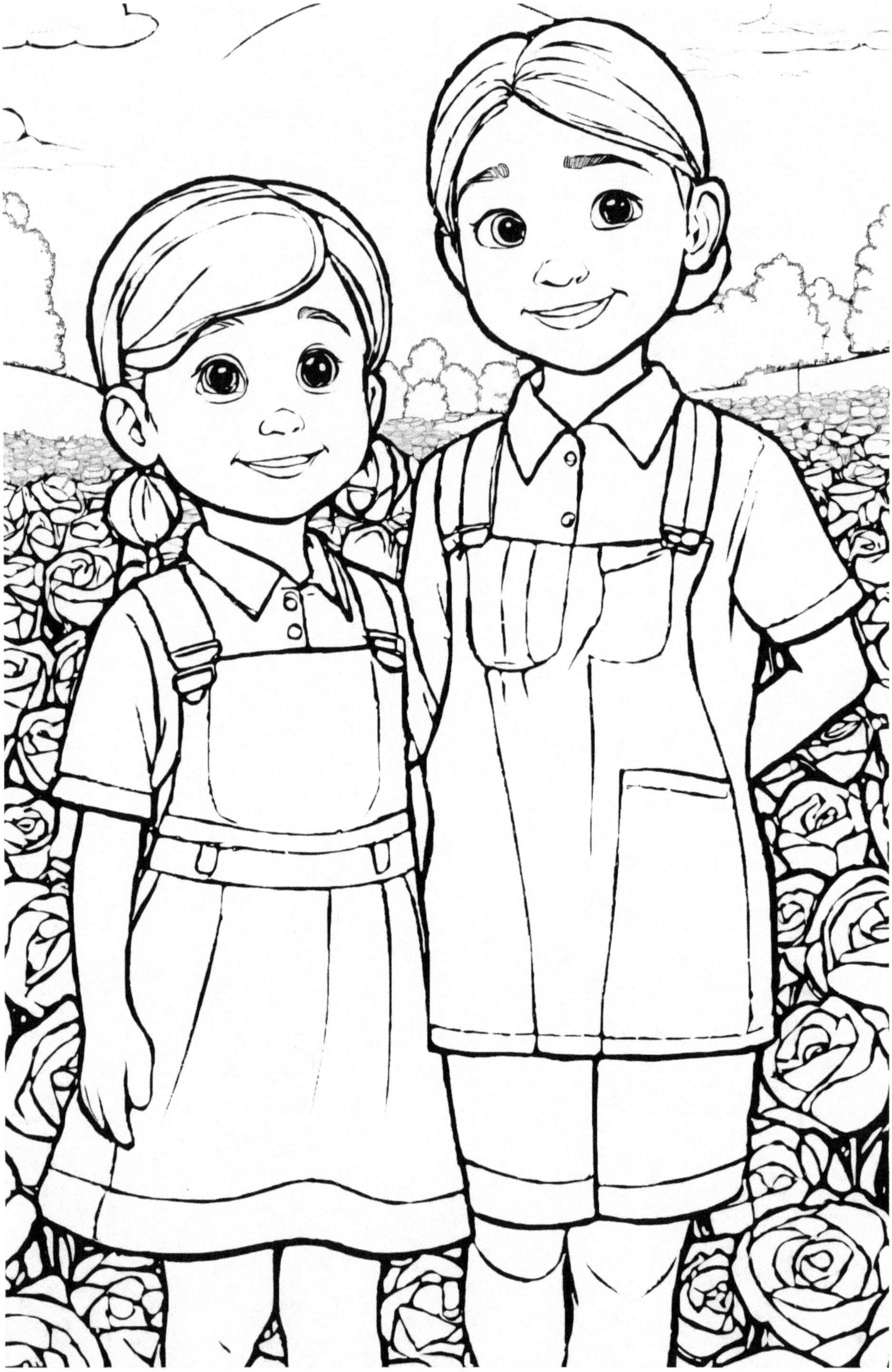

www.ingramcontent.com/pod-product-compliance
Lightning Source LLC
Chambersburg PA
CBHW052042280526
45791CB00010B/3051
* 9 7 9 8 8 8 4 6 5 9 3 9 1 *